문학과지성 시인선 56

지금은 간신히 아무도 그립지 않을 무렵

장석남 시집

문학과지성사에서 펴낸 장석남의 시집

새떼들에게로의 망명(1994)
미소는, 어디로 가시려는가(2005)

문학과지성 시인선 156
지금은 간신히 아무도 그립지 않을 무렵

초판 1쇄 발행 1995년 4월 28일
초판 20쇄 발행 2024년 7월 17일

지 은 이 장석남
펴 낸 이 이광호
펴 낸 곳 ㈜문학과지성사
등록번호 제1993-000098호
주   소 04034 서울 마포구 잔다리로7길 18(서교동 377-20)
전   화 02)338-7224
팩   스 02)323-4180(편집) 02)338-7221(영업)
전자우편 moonji@moonji.com
홈페이지 www.moonji.com

ⓒ 장석남, 1995. Printed in Seoul, Korea

ISBN 89-320-0736-5 02810

이 책의 판권은 지은이와 ㈜문학과지성사에 있습니다.
양측의 서면 동의 없는 무단 전재 및 복제를 금합니다.

문학과지성 시인선 156

지금은 간신히 아무도 그립지 않을 무렵

장석남

1995

自 序

  몇몇을 빼면 대개 첫 시집 이후의 것들이지만 그 사이에는 '사이' 이외 별게 없어 보인다. 그래도 대수롭지 않은 척 앉아 있자니 날이 저물어 베란다 창에 별이 몇 와 있다. 이 세월 위에 안장을 얹어 '탈' 수는 없는가. 없으니까 별이 얼얼하게 빛난다.

1995년 봄
장 석 남

지금은 간신히 아무도 그립지 않을 무렵

차 례

▨ 自 序

옛 노트에서/11
근 황/12
未明에/13
소나기/14
연못을 파서──하나/16
연못을 파서──둘/18
낮 꿈/20
한진여/21
버스 정류장 옆 송월전파사/22
송학동 1/24
송학동 2/25
송학동 3/26
오래 된 정원/28
해 변/30
깊은 밤/31
밝은 방/32
다 늦은 가을 노래/34
저 많은 별들은 다 누구의 힘겨움일까/35
어스름/36
구름의 아홉번째 지나감/37
숨의 사랑/38

봄 저녁/39
봄밤——하나/40
봄밤——둘/41
공 터/42
돌의 얼굴——하나/44
돌의 얼굴——둘/45
구두 수선을 노래함/46
散 策/47
겨울꽃 봄꽃/48
꽃/49
배호 5/50
배호 6/51
내 살던 옛집 지붕의 갸륵함에 대해서/52
砂金을 캐러/53
다방을 차리다/54
어느 다방의 略史——푸른 사다리/56
어느 다방의 略史——누란/58
어느 다방의 略史——서성임/59
가을비/60
격렬비열도/61
소리 속의 그네/62
첫 겨울/63
밤 술/64
모과나무 아래/65
다게레오타이프 1/66
다게레오타이프 2/67

다게레오타이프 3/68
길모퉁이에서/69
구름이 어떤 그리움에 젖었다는 것을
알기나 하는 듯/70
밤바다에서/72
불빛을 흔들어서/74
巨人들/76
송내가 없다/78
독립신문/79
항아리/80
우리집에 내려오는 양은 쟁반 하나/82
雨傘들/84
音階들/85
한결같이/86
室內樂/87
봉원사 入口/88
한겨울 목련나무/89
새들은 페루에 가서 죽다/90
꽃밭을 바라보는 일/91
물소리들의 下山/92
벚꽃 개화 예상도/94
저녁 江에서/96
이슬비 속으로/97
저녁의 우울/98
메아리 없던 시절/99
2월 散策 篇/100

초승달에 딸린 방/102
어지러운 발자취/103

▨ 해설 · 변화 속의 순환과 퇴적 · 진형준/104

옛 노트에서

그때 내 품에는
얼마나 많은 빛들이 있었던가
바람이 풀밭을 스치면
풀밭의 그 수런댐으로 나는
이 세계 바깥까지
얼마나 길게 투명한 개울을
만들 수 있었던가
물 위에 뜨던 그 많은 빛들,
좇아서
긴 시간을 견디어 여기까지 내려와
지금은 앵두가 익을 무렵
그리고 간신히 아무도 그립지 않을 무렵
그때는 내 품에 또한
얼마나 많은 그리움의 모서리들이
옹색하게 살았던가
지금은 앵두가 익을 무렵
그래 그 옆에서 숨죽일 무렵

근 황

　12월 가고 신년이 되니 새로 이사온 우리집 뜰 앞에 알 수 없는 꽃들이 피었습니다 벌써 진 몇몇 꽃 끝에서는 풋열매가 열렸고 그 속에서 새소리 들립니다
　그 나무의 꿈길이 이승으로 오고 있습니다
　깨끗한 바람이 묵은 거미줄을 흔들고 새 상표처럼 뜬 낮달은 깊은 시선으로 빈 나뭇가지 사이를 흐릅니다 나 그 사이에 서 있습니다
　내 눈에 신 열매가 익고 있습니다

未明에

겨울나무가 우두커니 서 있었다
지붕들은 조용히 헝클어져 있었다
바람들이 디딜 것이 마땅찮아 맨발일 때
헐벗은 풀들이 몰려와 맨살로 흔들려주고 있었다
발등에 얼굴을 비춰보면서
겨울나무가 우두커니 서 있었다
죽었는지 살았는지 우두커니는 서 있어도
家出한 하늘에는 자리를 비켜주며 서 있었다

소나기

南天에서
천둥 소리 하늘을 깨치는가 싶더니
머위밭을 한꺼번에 훑는
무수한 초조함들
처럼
이제 어디에라도
닿을 때가 되었는데
되었는데

소나기 지나가며
외딴 어느 집 처마 밑에 품어준
열서넛 남짓
나일론옷 다 젖어 좁은 등허리뼈 비쳐나는
소년, 처연한 머리카락
서 있는 곳
그 토란잎 같은 눈빛이 가 닿는 데
그 표정 그 눈빛이 자꾸만 가는 데
그런 데에 닿을 때 되었는데, ……,

천둥이 하늘을 깨쳐 보여준 그곳들을

영혼이라고 하면 안 되나
가깝고 가까워라
그 먼 곳

이 땅에 팍팍
이마를 두드리다 이내
제 흔적 거두어
돌아간
오후 한때
소나기 行者들
쫓아간
내 영혼

겨울 어느 날
눈 오시는 날
다시 보리라
빈 대궁들과 함께 서서
구경꾼처럼
구경꾼처럼
눈에 담으리라

연못을 파서
―― 하나

내 마음의 노동은 연못을 파는 것
나는 길가에 앉아서도 지나가는 예쁜 여자의 몸에 연못을 파고
빵집 파리 크라상 '파리 크라상' 하는 발음의 생기에도
연못을 판다
지난날은 모두 거짓말의 날들
연못은 온몸의 영특한 빛으로 지난 시간을 비춘다

나는 신문지 위에도 신문지 위의 독재자 위에도
백만 마리의 되새떼 위에도
연못을 판다 조그만 눈길들
물방울처럼 모여
하늘의 구름 하늘의 못인 별
몸에 들인다

버스 정류장에도 지하철 정거장에도
병원을 빠져나가는 가엾은 목숨에도
나는 연못을 파고 나는 그 연못을
풍금과도 같이 연주한다

나의 연못은 지금 만국공원에도 있고
진부령에도 있고 유동 생맥주집에도 있고
동숭동 거리에도 있고 신포동 대성 불고기에도 있다
나는
새로 단 간판 밑으로 들어가는
聖骨들 어깨에도 연못을 파고
잎 진 모과나무 나뭇가지 사이에도
연못을 판다 나는 그 연못이 끊지 못하는
긴 여운을 듣는다

나의 연못은 그러나
그렁그렁하기만 할 뿐
언제나 그렇기만 할 뿐
연못 허리를 밤낮 건너가는 것은
몇 개의 영롱한 빛일 뿐 아무 자국도 남기지 않는
나의 시는 세월 속에
그렁그렁하게 연못을 팔 뿐

연못을 파서
──둘

1

연못을 파서
나를 연못에 다 주었네
연못 주위로
정원이 와서 놀다간 돌아가고
돌아간 자리마다
落果들이 즐비했네

연못을 파서
지나가는 낮달의 발자국을 만들어줄 때
내 등허리를 파내려오는 허구렁들을
나는 삼킬 수밖에 없네

처마에 매달아놓은, 연못 물을 종일
퍼내고 있는 風磬 소리
一生을 거기에 다 바치고 있네

2

연못을 파며 물을 퍼내는 것이 生인가?
어둡자, 찾아드는 반짝임들 늘고 연못은

시골 여인숙처럼 환한 상흔들을 안고 잠드네
밤새 연못의 관자놀이를 흔드는 풍경의 바람바가지

연못을 파서 나를 연못에 다 주네
정원이 와서 나를 들여다보네

낮 꿈

낮달에 반지를 끼워주는 저 거지와
공터에서 기러기 울음을 우는 비닐 봉지들과
낙태한 아기를 이름짓고 있는 아버지와
담쟁이덩굴이 올라가는 그의 눈동자와
나란히, 봉사처럼, 서로 뒤를 잡고,
무슨 길이라도 되는 듯이

한진여

나는 나에게 가기를 원했으나 늘 나에게 가기 전에 먼저 등뒤로 해가 졌으며 밀물이 왔다 나는 나에게로 가는 길을 알았으나 길은 물에 밀려가고 물 속으로 잠기고 안개가 거두어갔다

때로 오랜 시간을 엮어 적막을 만들 때 저녁 연기가 내 허리를 묶어서 참나무 숲속까지 데리고 갔으나 빈 그 겨울 저녁의 숲은 앙상한 바람들로 나를 윽박질러 터트려버렸다

나는 나인 그곳에 이르고 싶었으나 늘 물밑으로 난 길은 발에 닿지 않았으므로 이르지 못했다

이후 바다의 침묵은 까고 3 내지 4미터의 은빛 이미기 서로 애증으로 부딪는 한진여의 포말 속에서만 있다는 것을 알았다

침묵은 늘 전위 속에만 있다는 것을

버스 정류장 옆 송월전파사

갑자기 한두 점씩 눈발 날리기 시작해
버스 정류장 지붕 아래 들어가 잠시 접어둔
그리운 것 있나 생각할 동안
內傷한 세월들 엿보려, 불빛에 뛰어드는 눈송이들 보이네
32번 월미도행 버스 정류장의
한 찰나를 송월전파사의 검은 롯데 파이오니아 스피커,
전도사처럼 서서 아무 일 없다고 세월 밑 세월을 흘려 보내주네
저녁의가요산책 여기까지 나와 세월의 피고름 습자지처럼
머금네

조금 더 농밀해진 눈송이들
그 앞에서만 노네
지금, 눈송이들
傷한 것 앞에서만 노네
송월전파사 유리 진열장의 여러 불빛들이
그것들을 깜빡이며 보네
──곧 진창이 되리라

버스 정류장 지붕 밑
그리운 것 있나 생각할 동안
傷한 세월만 먼 길을 오네

송학동 1

계단만으로도 한동네가 되다니

무릎만 남은 삶의
계단 끝마다 베고니아의 붉은 뜰이 위태롭게
뱃고동들을 받아먹고 있다

저 아래는 어디일까 뱃고동이 올라오는 그곳은
어느 황혼이 섭정하는 저녁의 나라일까

무엇인가 막 쳐들어와서
꽉차서
사는 것이 쓸쓸함의 만조를 이룰 때
무엇인가 빠져나갈 것 많을 듯
가파름만으로도 한생애가 된다는 것에 대해
돌멩이처럼 생각에 잠긴다

송학동 2

저 대추나무에 열린 바람 소리
다다미집 창문을 넘어 긴 담쟁이덩굴을 넘어오는 바람 소리
위안부처럼 퉁퉁 불은 구름 그림자 지나간다
성공회길 모퉁이에서 지난해 마른 코스모스가
모든 살아 있던 것들의 영혼을 보여주고 있다

봄바다야 삶은 얼마나 누추한 것이냐
봄바다에 닿기 전 다시 한번 망설여보는
봄바다에 내리는 늦은 눈발의 미약한 말을
내 무릎 관절이 알아듣고 있다

구름 그림자 따라가다가 너무 멀리 가므로 다시 오는
바람 소리
대추나무 가지 사이에 반질반질
길 내는 바람의
새앙쥐 같은 발길

송학동 3
—— 金宗三 訃音

1

스무 살 초겨울
늦게 잠에서 놓여나
서너 줄 부음 기사 접하고
오후에는 동인천에 나가 헌혈

차창 사이로 빠끔히 보이던 하늘
되도록이면
자세히 봐두려고 애썼다
버스에서 내리다가 휘청했다
어디선가 후두둑 새들 날아오르는 소리

근처 커피집에 가서 커피 마셨다
한적했다

2

그때 보아둔 하늘이
가끔 등뒤를 맴돈다
어느 날은 귀밑머리가 서늘하게 환하다

千祥炳 죽고
辛東門 죽고
두 번 헌혈이 밀렸다
그 外의 몇 번의 下棺

흰 조개 껍데기가 물에 가라앉는 것 보았는가
씰룩씰룩
내 뇌에는 실룩실룩한
흰 조개 껍질들의 下棺 자국이
몇 개 더 새겨졌다

허공중 자세히 봐두는 일이
몇 번 더 밀렸다
귀밑머리 쪽이 컴컴하니 무겁다

오래 된 정원

나는 오래 된 정원을 하나 가지고 있지
삶을 상처라고 가르치는 정원은
밤낮없이 빛으로 낭자했어
더 이상은 아물지도 않았지
시간을 발밑에 묻고 있는 꽃나무와
이마 환하고 그림자 긴 바위돌의 인사를 보며
나는 그곳으로 들어서곤 했지 무성한
빗방울 지나갈 땐 커다란 손바닥이 정원의
어느 곳에서부턴가 자라나와 정원 위에
펼치던 것 나는 내
가슴에 숨어서 보곤 했지 왜 그랬을까
새들이 날아가면 공중엔 길이 났어
새보다 내겐 공중의 길이 더 선명했어
어디에 닿을지
별은 받침대도 없이 뜨곤 했지
내가 저 별을 보기까지
수없이 지나가는 시간을 나는
떡갈나무의 번역으로도 읽고
강아지풀의 번역으로도 읽었지
물방울이 맺힌 걸 보면

물방울 속에서 많은 얼굴들이 보였어
빛들은 물방울을 안고 흩어지곤 했지 그러면
몸이 아프고 아픔은 침묵이 그립고
내 오래 된 정원은 침묵에 싸여
고스란히 다른 세상으로 갔지
그곳이 어디인지는 삶이 상처라고
길을 나서는 모든 아픔과 아픔의 추억과
저 녹슨 풍향계만이 알 뿐이지

해 변
——서른 살의 불편함

물이 아주 잔잔한 해변을 걸어가며는
실오라기 같은 파도와
야쿠르트 삼립빵 껍질도 구르지만 간혹
바다의 귀엣말이 가득한 조개 껍데기도
뒹굴어서
이제 서른 살이 되니
그런 것들을 내 살에도 지녀서 오래
사귀던 여자의 귀엣말도 지어 듣고
교보문고 앞에서 넋놓고 바라보던 미모
여자의 그것도 지어 들으며
내 침침한 心境을 넓힐 수 있다면
맑은 물이 잔잔한 내
살의 해변을 걸어가면서
물오리도 후두둑 날릴 수 있다면
내 뒤에 남는 발자국은 아예 자취도 없이 사라져도
좋을 건데
능청스럽게도 나는 지금 마음속으로
맑은 물과 해변의 고운 모래들을
비단처럼 풀어놓고 있는 것이 아닌가

깊은 밤

나는 지금
빈 백사장이 자꾸 눈에 보여
무슨 까닭인지 백사장이 자꾸만 눈에 보여

바람이 불고 있다 웅성거리는 웅성임들
지붕이 바람을 업고 모래꿈을 꾸고

처마에 매달린 풍경이 자기 육신을 치는 소리
풍경이 자기 육신을 쳐서
소리로라도 가려고 하는 곳
그곳을 나는 지금 보고 있다

백사장 위로 下弦이 하나 우두커니
걸어가고 있다

밝은 방

추녀 끝에는 늘 하늘이
해변가라도 되는 듯 싱싱했다
별이 근처에 있을 때는
저녁이 아직은 젊어 푸르른 때
별은 그 속에서 소의 눈처럼 껌벅였다
아무리 오래 보아도
무엇이 그렇다는 것인지 몰랐다

추녀는 내 방안에 있었던 일들을
고스란히 엿보아 알고 있어서
들큼한 숨결을 허공에 부비기도 했다
그때마다 나는 낯이 뜨거웠다

가끔 빈혈과도 같은 비가 날리면 나는
무수한 물방울들로 추녀 끝에 매달려
수없이 영롱한 망설임들로 떨고 있었다

그때마다 방은
하늘을 올려다보던 내 기억의 두 손을
추녀 끝에까지 늘려 내밀고 있었다

그리하여 내 망설임은 안심을 되찾고는 하였다
추녀 끝에서 방까지, 삶까지
하얀 명주실 같은 빛이 이어지고는 하였다

다 늦은 가을 노래
―― 쳇 베이커

네 목소리에 창궐하는
구름들을 봐

첫 눈발은
어느 나라 국경을 넘어왔는지
어느 집 뜰 앞을 서성였는지
창문에 와 잠시 발 구르는
바람의 맑은 발굽을 좀 봐

허공에 발 딛고 오는

첫 눈발들을
다시 데려가는 것은
이 시린 많은 지난날들은 아닌지

네 목소리
가슴에 몇 개의 적막을 던져
징검다리를 만들고 있다

바람에 돋는 저 징검다리들 좀 봐

저 많은 별들은 다 누구의 힘겨움일까

보푸라기 이는 숨을 쉬고 있어
오늘은
郊外에 나갔다가
한 송이만 남은 장미꽃을 보고 왔어
아무도 보지 않은 자국
선명했어
숨결에 그 꽃이 자꾸 걸리데

보푸라기가 자꾸만 일어

저 많은 별들은 다 누구의 가슴 뜀일까
아스라한 맥박들이 자꾸 목에 걸리데

어머니,
"애야, 네 사랑이 힘에 겨웁구나"
"예 어머니. 자루가 너무 큰걸요"

저 많은 별들은 다 누구의 힘겨움일까

어스름

내 기억되는 모든 어스름들을 불러다,
겨울 철길 밑을 지나가는 사람들
귓바퀴에 모이는 어스름들도 다 불러다가
노름빚으로도 갚고
소주값으로도 물고
레코드 가게에도 좀 쓰고
그러고 싶었는데
아주 가끔씩만 세월의 물밑에서 반짝이던
사랑의 금모래빛이
거기에 섞여나갈까
아무것도 못 하고
또 한 어스름을 열 손가락에 반지로 끼워주고 있네
세월의 물밑
금모래빛 혹은 너의 살〔肉〕

구름의 아홉번째 지나감
── 八十年代, 惑은

마음 흐린 날
학림다방 창문가에 앉아
구름 지나가는 것을 센다
아홉번째 구름의 지나감
엄엄한 가장 행렬
우리가 그 동안 그렇게 했던,
불 끈 유랑 악단
발목이 시겠다
거기거기쯤에선 발목도 벗고 싶겠다
손톱이 꾹꾹 탁자의 나뭇결 따라 새기는
구름의 아홉번째 지나간
잠시 햇빛 나다 다시 흐리면
소리 막 그친 듯
눈시울 스치는
불 끈 유랑 악단

숨의 사랑

어제는 창경궁 후원에 많은 키 큰 나무들이
꽃피는 걸 보았습니다
담장들은 지붕을 얹은 채 키를 낮추고
내 숨이 분홍빛으로
그 큰 나무들에게 올라가는 것을 보았습니다

바람이 불거나 바람 속에 초생달이 걸린 때면
내 숨의 사랑은
그곳으로도 가리라

숨결들
다시 돌아와
꽃핀 창경궁 후원이 몸에 가득했습니다

봄 저녁

모과나무에 깃들이는 봄 저녁

봄 저녁에 나는 이마를 떨어뜨리며 섰는
목련나무에 깃들여보기도 하고

시냇물의 말(言)을 삭히고 있는
여울목을
가슴에 만들어보기도 하다가
이도저도 다 힘에 부치는
봄 저녁에는

사다리를 만들어
모과나무에 올라가
마지막 햇빛에 깃들여
이렇게, 이렇게
다 저물어서
사다리만 빈 사다리로 남겼으면

봄 저녁

봄 밤
—— 하나

지금은 난세입니다 꽃피는
난세입니다 봄밤이 잦아들어
내 잠을 물구나무세우는 달이
봄보다 낮은 자리에서 떠서 난세를 비추느라
더 높이 뜨지 못합니다 깨끗한 숲
달빛을 읽는 소리가 가슴에
오래 비워두었던 항아리에
가득찹니다 봄밤 깊이 부녀들은
초롱 종지 같은 난세의 아이들을 낳느라
정신없고
독을 짓는 사람은 계속 독을 짓습니다
공중에서 빈 것을 가져다가
가슴 가득 짓습니다

봄밤이 그립습니다 대낮엔 사람들이
보리싹 같은 내 웃음을 모두 솎아갑니다
사랑에 쏠래도 벌써 빈 밭입니다
죽은 나무들이 빈 밭을 지킵니다

봄 밤
──둘

봄밤엔 바람나네
內外 없이 바람나네
방들을 헐고 바람들 들이네
봄밤에 나는 바람난 숨결들에 반하네
늙은 살구나무의 밤샘 신음에
개나리 울타리가 노랗게 앓네
봄밤에 나는 바람난 國境이네
內外 없이, 憂國忠情 없이
바람난 國境이네
그러나 봄밤 밖으로 나가지 못하고
앓고 있네

공 터

비가 오고
공터가 한아름 안고 있는 異腹 하늘은
비로 붐비고
공터는 조그만 길들을 불러다 비를 맞히고
붉은 우산을 지나가게 하고
우산끼리 입도 맞추게 하고
공터에 안겼던 하늘은
싫증난 여자처럼 공터를 버리고
자기를 지워 달아난다
여전히 비는 쑤시듯 남아
할 수 없이 공터는
비의 공염불만 밤새 듣다가

비가 가고
공터를 머금는 햇빛 몇 평
또록또록한 머위눈과
가슴을 뜯어내리는
자목련의 긴 그림자와
그래도 멀리 달아나지 않는
조그만 길들과

머위눈 하나로도 꽉차 그렁대며
조용히 살을 말리는
공터의 空한 내력과

돌의 얼굴
―― 하나

 어느 하루 홍예문을 지나가게 되었습니다 수만 개의 돌을 쌓아 만든 홍예문 아래를 지나다가 그 많은 돌의 얼굴들 중에서 나는 한 가지 얼굴과 눈이 맞고 말았습니다 아주 가늘은 햇살로 숨을 내쉬고 들이쉬고 하는 그 가늘은 숨결 하나가 내 이마를 뚫고 들어와 가슴을 타고 발끝으로 새어 내려갔습니다 이 홍예문이 선 게 백년 남짓이니까 그 돌이 그 자리에서 그 눈빛을 쏟아낸 게 그만한 세월일 것인데 여전히 그 빛 생생하게 내 몸 속에다가 그 긴 세월의 그리움 치레를 하는 것이었습니다 이내 내 걸음은 그 자릴 지키지 못했지만 나는 그 돌로 걸어 들어가듯 어딘가로 걸어 들어가서 홍예문 아래를 지나가는 색시들이나 옷깃이 서걱이는 새아이들, 손 시리게 피어 있는 이른 봄꽃들을 바라보듯 앞바다를 바라보고 또 보곤 하였습니다 집에 와서도 바라보았습니다

 얼마 지나 다시 그 자릴 지나다가 그 돌을 보았더니 웬일로 거기엔 온통 신 사탕을 가득 문 봄바다의 얼굴이 일렁이고 있었습니다 그해 봄에 그 바다로 누가 걸어들어간 걸까요 걸어나온 걸까요 나는 홍예문을 지나면서 그 돌 틈에 난 담쟁이덩굴이나 쑥부쟁인지 뭔지 하는 풀에 내 눈빛을 걸어두고야 그곳을 지날 수 있었습니다

돌의 얼굴
―― 둘

삭혀야 할 것들이 있어서
속이 아플 때나
지나가는 여자를 보고 갑자기
길눈이 어두워질 때
나는 홍예문으로
돌의 얼굴을 보러 갑니다
그 동안 내가 사귄 돌들은 벌써 많아서
봄바다로 들어간 사람을 본 돌 벚꽃 떨어져 허리를 다친 돌 뱃고동에만 귀를 여는 돌 속에 음악이 가득한 돌 열에 떠서 금강석을 쥔 돌
돌의 얼굴에 새겨진 별의 지국
바람의 애무
그런 것들도 봅니다
그날 하루 버리고 싶은 발길들
그런 것들도
흔들리는 어떤 돌 밑에 괴이고 옵니다

구두 수선을 노래함

구두 수선집 석유 풍로를
노래했던 것은
초겨울 어느 날의 진눈깨비가 아니었던가
까만 반짝임들과
홀쩍임들의 노래는
얼마나 먼 길을 가던가
양철 지붕에 칠한 진홍의 페인트
들끓는 시심
낮은 지붕 아래 오그리고 앉아
종아리를 드러낸 처녀여
양철을 막 뚫고 피어나는 꽃을, 향기를
수선공의 눈빛은 흐리게 중얼대는데
굽을 가는 까만 씨못과
작은 망치의 노래는
조그만 입구를 다만 꽃다발로 부풀린다

散　策

새가 날아간다
새가 없다

地上에 없는 새
새에게 없는 지상

죽고 싶지 않은 사람은 다
꽃 밖으로 나가라고
때가 지나도 시들지 못하는

옛 만구공원 산책로의 水菊들
생각의 뒤통수를 비춘다

겨울꽃 봄꽃

겨울꽃은 감옥
꽃 속에서
마른침 넘기는 소리
걸어나와
목이 짧고 눈이 별 같은
굴뚝새의 (아 낮은 하늘 아프게 하는
까만 불이여) 울음 자국처럼
흐리고 침침하게 흩어지며
피는 한 얼굴
얼굴, 창백한 햇살에 번지는 얼굴

나 그 얼굴 열고 들어설 수 없네
신발 벗어들고 그곳에 걸어들 수 없어,
봄꽃 앞에 손만 비비네

꽃

사랑하는 나와
사랑하는 외투와
사랑하는 욕망과
사랑하는 헛기침과
빈방과
칙칙대는 라디오와
가물대는 그리움과
나란히 눕는다

어디선가 기웃이
소마한 꽃이
나를 들여다본다
어디서 기울어진 꽃인가
가만히 보니 꽃 뒤로
내 발바닥이 닿아 있다

배호 5

이화여고 앞길
나의 행방이 오랜만에 눈발 속에 들었구나
발길은 市政 밖으로 낮게 조아린 길들과 내연하며
꺾어진 한 길목의 꺾인 고백이 되어주고
주머니까지 흘러내린 가슴을
두 손은 꼭 쥔 채 놓을 수 없구나
덕수궁아, 자꾸
자기 그림자만 물끄러미 쳐다보지 마
自己야

단추 떨어져 열린 속도 품이라고
바람든 눈송이들 기웃기웃 찾아들어
가슴을 헐값에 임대 놓고 싶구나
눈이 길을 막으면(제발 막아주었으면!)
내 죽음도 아무데서고 一泊
맞닥뜨려야겠지
그래야겠지

배호 6
—— 귀가

길이 보이지 않는다 나를 버리고 자꾸
어디론가 숨었다 불 꺼진
우리집 길 끝으로 흘러가 보이지 않고
파리한 입술로 뒤통수에서 별만 빛났다
별에서 돌아와 나의 생은
어딘가 유성기판처럼 돌고 있는지
걸음마다 가슴이 울리고 가슴이 울리는
여기는 어디인가 내 아가미에선
낯선 숨소리가 맑게 끓었다
밤이 제 울타리를 허물고 끝에서 끝으로 갈 때
시린 새벽달이 떴다 떠서,
잃은 길을 적셨다
달빛 아래 모든 길을 버리고
깊이깊이 냇물 소리를 내며 집으로 갔다

내 살던 옛집 지붕의 갸륵함에 대해서

나는 그 집 지붕의 갸륵함에 대해서
노래할 수 있을까
붙임으로 엉킨 햇빛의 무게를
견디는,
때로는 고요 속에 눈과 코를 만들어
아래로 내려보내서는 서러운 허공중들도
감싸 안는
그 집 지붕의 갸륵함에 대해서

클레멘타인을 부르던 시간들을 아코디언처럼
고스란히 들이마셨다가
계절이 지칠 때
꽃피는 육신으로 다시 허밍하는
그 집 지붕의 단란한 처마들

나는 걸음에 젖어서
그 갸륵함에 대해서

砂金을 캐러

문재형
우리 사금이나 캐러 갈까
집 나가면서
저 반달로 문패를 달아두지 뭐
문재형
사금 캐다가
집을 사자구, 주소는 심플하게
맑은 시냇물로 지붕을 올리자구

    사금 캐러 결국
    나 혼자 가서
    그믐달만 실컷 보다 오네
    팔당, 양수리, 덕소, 욱진 지나 덕적
    백석, 종삼, 강경, 용래, 물치, 인천 지나
    여기까지
    사금을 캐 무겁게 이고 지고

문재형
나 왔어

다방을 차리다

내가 차린 다방은
2층이다
窓이 넓고
밤마다 별이 와 기억에 잠겼다 간다
별이 가면 영업은 끝난다
음악엔 나뭇잎이 많고
간혹 안에 얼굴이 새겨진 것들도 있다
손님이 많으면 다방은
기우뚱한다
다방으로 오르는 계단 밑엔
잡지를 판다
폐간된 썬데이 서울 또는 지나간 논노
내가 좋아하는 여자는
구석에 앉았다가 금방 간다
그녀가 가면 그녀가 내려간 계단은
사라진다
그녀가 간 자리엔 음악이 모인다
오늘은 반달이 떴다
이런 날은 손님이 많다
음악에도 나그네가 많다

다방은 이층이다
다방은 비행접시처럼
떠 있다

어느 다방의 略史
―― 푸른 사다리

그 집 지붕엔
굴뚝이 아주 가끔
먼데로 연기를 보내고
그 옆엔 푸른 사다리가 하나
누워 있었다
새가 이따금 앉았다 갔다
그 사다리는
혼자 일어서서
뭔가를 먼데로 올려보냈다
그러나 가끔은 그걸 타고
먼데에서부터 무엇인가 내려오기도 했다
그런 때면 지붕 아래서 한 사람씩
쓸쓸해지고,
몸이 아프고 슬픔에 휩싸이는 일도 있었다
그러나 아무도 그 푸른 사다릴 지붕에서
꺼내오지 않았다
푸른 페인트가 다 벗겨졌다
어느 새벽녘엔 그 사다리가
창 아래까지 내려와
누군가를 데리고 올라갔으나

아무도 그것을 몰랐다
바닥에 음표처럼
담쟁이잎 몇 개 떨어져 있을 뿐이었으므로

어느 다방의 略史
────누란

누란다방에
3월이 왔다
겨울은 추웠다
눈발이 지나가고
포플러 새 잎사귀 몇 평이
다방 안을 엿보며 반짝였다
목련이 피고 지는 동안
유리창은
커튼을 내리지 못했다
영화 오발탄 포스터
사막은 무슨 사색으로 하루를 넘기는가
누란다방에
3월이 와서
지조 높은 톱밥 난로는
구석으로 은거했다
한 여자가 삐익────
차 배달을 나간다
삐익────
나는 눈을 감고
열렸다 닫히는
내 가슴을 본다

어느 다방의 略史
―― 서성임

나는 그 다방의 유래를
내 오랜 설움으로부터 엿본다
동쪽 창으론
비와 바람과 눈발이
서성이다 가고(창은 덜컹여주고)
가고, (아주 가지는 않고)
어두운 계단에
오래 된 삐걱 소리들이 살고
남몰래 한 찬 입술, 불화한
입맞춤의 순간들이 고스란히 사는
그 다방의 내력을 나는 감히
내 靑色
역사라고 여기면서
1층 전파사 바깥 스피커에
잠시 들렀다 가는 음악 목록처럼
서성이다 간다

가을비

가을비를 맞으리
가을비를 맞으리
문예회관 앞에서 갑자기 바람에
발목이 삐는
가을비에 얼굴 젖으리
누군가 빨간 모닥불을 회고하리라

다 왔다,
다 왔다고 뒤로
허리를 펴는
가을비

초저녁 처마 밑에 켜진 불빛이
가을비의 표정에 번지고 있다

격렬비열도

드뷔시의
기상 개황 시간
나는 툇마루 끝에 앉아서
파고 이 내지 삼 미터에
귀를 씻고 있다
萬頃蒼波
노을에
말을 삼킨
발자국이 나 있다
술 마시러 갔을까
너 어디 갔니
로케트 건전지 위에 결박 지은
금성 라디오
한번 때려 끄고
허리를 돌려
등뼈를 푼다
가고 싶은
격렬비열도

(요즘 라라 크래커는 왜 안 나오지?)

소리 속의 그네
──홍섭에게

나는 매일 소리 속에 돌담을 쌓고 왔다
소리는 허공을 떠돌다 돌로 앉고
내 사는 달팽이집 속까지
소리의 빛들이 이어졌다
달팽이집 처마에 누군가
그네를 매고 갔다
나는 위태로운 사랑 위에 앉아
흔들리며
지난밤 들은 음악을 되새김질한다
소처럼 다시 꺼내 듣는다
소리가 가는 곳까지만 가서 살겠다
그네 줄은 여기서 거기까지만
갔다가 온다
창에 일찍 온 저녁을 불러들여
돌담 속에 같이 저문다

첫 겨울
―― 추억에게

내가 네 가슴속에 묻어둔 항아리에서
때로 무슨 소리가 들리나
들어봐라
감나무잎이 한 순간 저녁빛에 환히 붉을 때 첫
눈이 오다…… 오다
목이 잠기는 것이 너무 많아져
가만히 그치는 때
무슨 눈보다 낮은 소리가
들리나 귀를 막아봐라

시간은 청미래덩굴처럼
수십의 손바닥으로
네 입김들이 눈 맞는 것을 받아들고
서 있다

내 청색 손바닥이 무슨 소리 내디
나는 청동의 풍경을 긁고 있는
시간의 부러진 가지 끝을 꼭 쥐고 있다

밤 술

진눈깨비의 짧은 보폭을 따라
골목 어귀를 도는데
누군가 끄지 않은 처마 등불이
쓰다 남은 희망처럼
젖은 눈발에게도 몸을 허락하고 있었다
멀리 혹은 가까이
땅그랑대는 바람들
무릎이 닳는 동안
진눈깨비는 그쳐서
늦게 뜨는 별이, 별이
오래 동거하던 여자처럼

모과나무 아래

모과나무 아래
유채밭같이 아픈 몸은 앉아
많은 신산한 시간들이 모과나무에 열린 것과
떨어지는 잎사귀들 위의 햇빛을
자세히 바라보는 큰일과
내 손으로 내 뼈들을 만져보며

깊어라, 그늘은
도처에 내려진
커다란 눈동자는

모과나무 아래
가엾은 떨림 소리를 듣고 앉아
깊어라 모든 떨림들
나를 뿌리 밑으로 옮겨 포개는
노래들
노래들

나뭇가지를 날아가는 저 물들

다게레오타이프 1
—— 경기도 정릉군 권대리에서

야목의 겨울 정원에 내리는 달빛들을 모아다가
앙상한 겨울나무들에게 나누어주기를 며칠
매일 내 그림자가 조금씩 나에게서 비켜선다
멀리 산등성이들이 잔뜩 등털을 세우고 웅크린 사이로
산간 마을이 한아름 불빛을 안고 들어가 있지만
야목으로 불어오는 겨울 바람에는
아무것도 전하여오는 말이 없다
밤이 늦어 야목의 유일한 우물에 찾아온
별자리, 하늘의 음표들, 둥근 코러스
이 야목의 겨울 정원의 쓸쓸함에 대해 누가
관대함을 베풀 수 있을 것인가
우리들 삶의 고요한 손 시림에 대해서

다게레오타이프 2
―― 강원도 서초구 서영리

반달문이 하나 서 있었다
휙 지나간 새의 몸체가 짧게 걸려 있었다

가로수의 가지치기를
하는 사람들이
낮은 하늘도 모두 쳐내고 있었다

내 마음은 그레이 구락부에 매일 놀러 가서
밤이 늦어도 오지 않았다

오래 된 창문을 뚫고 나온 병화당수식회사
연통에서 外信綜合처럼 빠져나온 연기들이
골목을 산책하고 있었다

벽보에 붙은 관보들
들춰보는 바람들
바보들

반달문이 하나 서 있었다
반달문을 열고 반달로 들어서는 사람이
한 사람 있었다 한 사람.

다게레오타이프 3
―― 서울시 해남구 황지 5가
봄나무에서 여름나무에로

저, 매우 회고적인
봄나무 좀 봐
바람의 방향에서 눈을 떼고
회고하는 것은
살아온 날들

새가 앉았다 갔고
새소리에 목을 축였고 나이테로
內傷의 속을 가렸고
잎사귀로 계절을 새겨 그늘로 떨어뜨렸고
락카 칠한 팻말 달았던 못자국 아물렸고

저 굉장히, 엄청나게, 어떻게 할 수 없이, 무작정
미래 지향적인 봄나무 좀 봐
나는 그 옆에서
가파르게 감색 기와를 인 東南向
지붕이 되어
들창에 갈아 끼운 햇볕이 되어
내 손에 남은 네 체온을 생각하고 있다
내 가슴에 찍힌 네 지문들을 보고 있다
이 손바닥 자국들 좀 봐, 시퍼런

길모퉁이에서

언제는 저렇게
오래 된 나무 속에
그 푸른빛이 들었다가
오늘 이렇게
어머니 생각을
하게 할 줄이야
언제는 이
몸뚱이에도
긴 그림자가 들어 있어서
여기서, 여기서
그림자 지워지도록
앉아 있을 줄이야

구름이 어떤 그리움에 젖었다는 것을
알기나 하는 듯

희게 부푼 구름이 지나가는 것을
배공나무에 눈을 주어 바라본다
구름 속에 언뜻 치자꽃빛이 비치는 것도 나는
남은 눈으로 보고 왜 그런 빛이 비쳤는지
구름이 어떤 그리움에 젖었다는 것을 알기나 하는 듯
보고 있다

저렇게 배공나무에 바람들이 와서
종일 아픈 표정으로 놀며 칭얼대며 떠나지 않는 것은
바람 남편이 지금
어디 가서 바람을 피우고 있는 거야
그래 그곳을 배공나무 속을 통해
들여다보고 있는 거야
비로소 흥얼대며 새 움이 나면
바람 남편의 바람기는 자명해지는 거지

내 마음에 지금 어떤 그리움이
흥건해져 눈 돌릴 틈 없이
배공나무만 보이니
그 속의 어떤 움이 지금

나를 쳐다보고 있는 거다
희게 부푼 구름이 지금 우리집 문 앞에 와
내 거기를 보고 있는 거다
人家에 내려온 매의 눈처럼
내 어떤 움을 쏘아보고 있는 거다

밤바다에서
—— 목 너머에서

밤바다 위로
빈 배가 한 척 스윽 흘러간다
아무 소리도 나지 않고
아무 흔적도 없이
빈 배가
아무 체적 없이
내 앉은 곳을 스쳐서
간다 죄 없이
바다에 닿은 바위들
해안을 깎는
물살들 나는
조금 남은 손톱달에
링거병을 걸고
누워서 율도국율도국 하며 그 배를 따라
흘러가본다

깨어보면
아무 죄 없이
힘겹게 나를
해안에 밀어다놓는

실낱 같은 물결 소리들

섬마을에
조금 남은 감꽃이
마저 졌다

불빛을 흔들어서
―― 최하림의 「詩를 태우며」*를 읽으며

음악을 틀고
촛불을 켜고
숨결로, 몸짓의 바람으로
불빛을 흔들어서
불이 일그러뜨리는 방과 책과 음악과
내 그림자를, 서글픔들을
무슨 수로도 외면할 수 없는
그것들을 들여다보고
다시 들여다보고

차라리 불을 끄고
방을 지우고 내 그림자를 지우고
책을 지우고 공책을 지우고 공책 속
시를 지우고
귓속에
오래 전에 들어둔
물결 소리들이나 방목할까
(이미 방목되고)
물가에 찍혔던 발자국들
융융한 시간 속으로

걸어가고

음악을 틀고
촛불을 켜고
불빛을 흔들어
몸짓을 조이고
숨죽여
불빛 속을 들여다본다

숨으로 몸짓의 바람으로
불빛을 흔들어
시를 흔들어
바람벽에
詩를 시의 石佛을 그린다

  *『문학과사회』, 1994년 여름호, pp. 738~39.

巨人들

강원도 갔다가
첩첩산중 급커브를 약간 과속으로 오다가
검문소 두 번 지나
이제 안심할 때
거인들이
그림자를 늘어뜨리고 서서
나를 검문한다
어디로 가는가

구름에 싸인 달이
나왔다가 다시 숨으며 잠깐
비춰준 길
눈에 넣을 사이 없이
사라지고

문득
개울물들이 와글거리며
희번덕이며 내려간다

거인들

거인들
거인들
거인들, 거인들
저 많은 거인들을
어떻게 다 통과해
집에 닿을 수 있을까

나여
거기에 닿거든 부디 달과 함께
구름에 싸였기를
피의 서정에
들었기를

송내가 없다

송내 지나는데
송내가 없다
白衣從軍하는
철길 건널목 통행 제한 종소리
그 속으로 다 들어간 송내
몇 남은
복숭아꽃이
바람에 날려
없어진 송내를 웅덩이에 띄운다
차를 세우고
一喝하는
철길 건널목 종소리

어디 갔나

독립신문

○ 世昌洋行 제물포
세게에 뎨일 죠흔 금
겨랍을 이 회샤에셔
또 색로 만히 가져 와
셔 파니 누구던지 금
겨랍 쟝ᄉ ᄒ고싶흔이
ᄂ이 회샤에 와셔 사
거드면 도매 금으로 ᄊ
게 주리라

목련꽃 그늘 아래서
지난밤 지나간 바람의 자국을 만진다
신채호, 김구, 이광수, 패, 경, 옥,
마몽드, 메르꼴레디, 마르시아노, 디망쉬,
옥시크린, 까슈

항아리
──감포에 갔을 때

 동해 바다에 바로 이웃해 접한 소주집이었다 주인은 귀가 셋으로 하나는 파도 소리가 제집으로 드나들고 있었다 우리 같은 것들은 엄두가 날 일이 아니었다 그 집 뒤안에는 장독대가 있었는데 그 중에도 배가 커다란 항아리가 있어서 나는 줄창 그 마당에 앉아 소주를 바람과 함께 털어넣으면서도 그 항아리 속이 궁금했다 그 여럿의 파도 소리 중에 어느 것이 그곳에 들어가 둥그렇게 부검 자리를 잡고 있을 것인가 그 드나들던 길이 하도나 고자 처갓집 드나들 듯하는 것이어서 반질반질하게 윤이 배겨 있을 것이어서 눈에 선해도 거기에 그 바다에 사는 물고기들의 눈빛 같은 것도 묻어 있을 것인지는 장담할 수가 없었다 그런 건 금방 녹아버릴 만큼 그곳은 서늘한 뜨거움이 미끈했었으니까 나는 파도 하나를 불러 망설이며 망설이며 내 속을 거기에 딸려 보내보아도 도대체 되돌아오는 놈이 하나 없어서 마음은 줄창 한밤중이었다 그래 자꾸만 소주잔만 털었다 그 저물 무렵 그 장독대의 빈 항아리 하나는 어느덧 내 살친구들이 되어서 내게 한시도 귀를 막지 못하게 하는 귀를 하나 더 달아주어서 내 차지한 이승의 자리 중 한 자리를 그 파도들에게도 한편 내줘야 한다는 것을 스스로 알게끔 하였다 그 파도 소리에 배부른 항아리를 나는 내 속엣살림 한쪽에도 하나 들이고 흔들리지 않게 새끼돌로 괴어 그곳에 어지간한 씁쓸하고 들큼한 일들을 파도 소리 같은 결루 단련해서는 넣어두었다가 그게 좀 필요할 때마다 술을 푸듯이 퍼다가 목을 적셔보아야겠다고 생각해보지 않을 수가 없었다 그 앞의 바다 빛깔이 꼭 거기 속살처럼 청량하고 부드럽고 부드러워서가 아니라

  꼭 그래서만이 아니라

우리집에 내려오는 양은 쟁반 하나

生은 때로 먼 길을 원한다
마른 저수지처럼 외로운 그것은 낡고 서툰
다큐멘터리
나는 우리집에 내려오는 누렇고 때묻은 양은 쟁반 속
으로 떠난다
(잘잘거리며 필름 도는 소리)
묵은 소나무 가지가 휘어졌고
그 위에 날마다 가슴 쓸어내리는 소리 찰랑대는
칠 벗겨진 휘영청한 달 아래로
나는 가는 것이다
적당한 시간에서 등걸 위에 쉴 때는
멀리 산등성 너머로 바다가 있을까
행복이 있을까 아낙네가 광주리를 이고 가는 뒤를
싫지만 그렇지만 나는 꼭
가야만 했던 것이다 그 쟁반 속을
그 바닷가까지 오막살이 지나서
양은 쟁반 속을 걸어서 가는 것이다
왜 그렇게 가난했던가
기럭아
나는 따라가기 싫었지만 이렇게

여기까지 와서 손등을 펼치고 열 손톱 속에
나란히 날아가는 까만 기러기들을 본다
(다음 필름을 갈아끼우는 데 시간이 꽤 걸린다)
그 틈에 쟁반 같은 달 속으로
재난처럼 파란 별이 뜬다

雨傘들

연못가에 앉아 있었다
기억 속에서는 자꾸만
해당화가 피어났다
살얼음 편광 속으로
빨간 우산들이 지나갔다
멀리로부터
불어오는 바람들
그 중의 제일 큰 것은
구름을 그림자째 끌고 가기도 했다
적요는
사랑 끝에 매달린 고드름

우산들은
가벼운 音階들을 맞으며
계단을 내려온다
계단 아래는
平安한 곳
누군가 그랬다
그곳은 平安한 곳
氷點 아래.

音階들

죽은 寅煥*이 생각하며
재즈 카페에 들어가 구석의 어둠 사각사각 감상하며
발목에 묻는 싸락눈 음계들 떨어내다가 한쪽 귀퉁이에
언젠가 내가 매어놓고 잊었던
까만 염소에게 오랜만에
노트를 찢어 먹이를 준다

그때, 具體的으로 내 손을 떠난 鳶들이
이 염소 눈빛 속에 얽혀 있다

  *『김수영 전집』 2권, p. 71.

한결같이

 등기소가 되어 있는, 만국공원 아래 韓末 르네상스풍 옛 건물 앞에 우연찮게도 우두커니 서 있는 기회가 되어 있자니 덧니 나듯 한결같이 상냥한 여인이 희망으로 그립다 왜 그런가 곰곰 생각하자니 돌기둥에 비끼는 찬 겨울 햇살들, 한결같이 상냥한 그 계집애들, 희디흰 옥니들, 역광에 빛나는 머리카락들, 가슴을 저미고 들어오고 있었네

室內樂

　피아노 속에서 누군가 나와서 눌렸던 건반을 제자리에 놓고 다시 들어간다
　누군가 내 귓속의 막힌 널빤지에 구멍을 파고 오른쪽과 왼쪽 두 귀 사이에 빨랫줄을 매고
　피 빨래를 건다
　피아노 속에서, 내 幻의 발목뼈에 금갔을 때
　내 까망 눈동자에도 쩡, 금이 가고
　물컹한 내 입술 명아주잎으로 부채질해 말려주고 있다
　가야 할 곳이 어디인가 두리번대면서도
　누군가

봉원사 入口

봉원사 입구
135번 시내버스 종점
중국집이 하나 그 아래
기사 식당이 하나
불조심 플래카드가
바람에 몸을 팔고 있다 빵집이
하나 치킨집이 하나
정육점이 하나 약국 앞에
관절을 앓고 있는 리어카가
한 대 에로틱 비디오 가게가 하나 과일 가게에선
연신 백열등불이 밀감처럼
비디오 가게 쪽으로 굴러온다
만화방이 하나 품 넓게 어미처럼
길이 하나 새끼를 치며 올라가는
봉원사 입구
그 새끼 친 한 길 끝에
내 목숨이 하나
농담처럼 겨울비에 젖으며
농담처럼 초인종을 눌러놓고

한겨울 목련나무

 싸락눈이 내렸는데 목련나무 가지에도 톡톡 부딪치며 내렸는데 목련나무 살 속에 숨은 창백한 햇살 한 올은 물먹은 흰 솜을 둘둘 말고 서서 발등의 싸락눈 녹이는데 시간은 이 몸이 차다고 외풍이 세다고 어느 깊이로 고개를 처박고 추억을 표백해 잎사귀며 꽃들을 빚고 있는가

새들은 페루에 가서 죽다
──로맹 가리

  점등 시간
  77번 좌석버스를 탔다
  나는 페루에 가는 것이다
  시드는 화환처럼 해가 진다
  바람은 저녁 내내 창 유리의 흰 페인트를 벗겨내고 있다
  이른 산책의 별이 하나 비닐 봉지처럼 떴다
  허공에 걸려 있는 푸른 풍금 소리들
  나를 미행하는 이 깡마른 적막도
  끝내 페루까지 同行하리라
  철망 위에 앉아 우는 새
  새의 울음 속에 등불이 하나 내어걸린다
  페루의 유일한 저녁 불빛
  밤새 파도들은 불빛으로
  낮게 포복해 몰려와 몸을 씻고 있다
  불빛을 따라간 한 목숨을 씻어주고 있다
  나는 내내 페루에 가고 있는 것이다

꽃밭을 바라보는 일

저, 꽃밭에 스미는 바람으로
서걱이는 그늘로
편지글을 적었으면, 함부로 멀리 가는
사랑을 했으면, 그 바람으로
나는 레이스 달린 꿈도 꿀 수 있었으면,
꽃 속에 머무는 햇빛들로
가슴을 빚었으면 사랑의
밭은 처마를 이었으면
꽃의 향기랑은 몸을 섞으면서 그래 아직은
몸보단 영혼이 승한 나비였으면

내가 내 숨을 가만히 느껴 들으며
꽃밭을 바라보고 있는 일은
몸에, 도망온 별 몇을
꼭 나처럼 가여워해 이내
숨겨주는 일 같네.

물소리들의 下山

  수없이 많은 노란 꽃들이 피어 있는 산으로, 그 많은 산꽃들에게로 나는 入山했다 나무 그늘에서 쉬기도 하고 바람에 옷자락을 맡기기도 하다가 추운 저녁이 되어 나는 희미한 흔적의 길을 걸어서 下山하지 않을 수 없었다 늦은 저녁의 하산길에는 물소리가 따라 걷고 있었다 물소리들만 가시덩굴에도 상처 하나 없이 따라 걷고 있었다 나를 따라 걷다가 나를 데리고 자기 소리 깊이 잦아들기도 했다 그때마다 수없이 많은 노란 꽃들이 선명하지 않고 발목에서 나의 걸음을 노랗게 유혹했다 물소리는 이미 저만큼 멀고 다시 내려오는 물소리들의 행렬 나는 그 물소리들이 나를 휩싸고 돈다는 것에 숨을 죽이며 물소리들의 수많은 눈동자들을 볼 수가 있었다 작고 맑은 그들의 눈을 나는 내 눈으로는 보지 못하고 내 귀도 그 소릴 듣지 못하고 다만 나의 죄와, 나의 바람기와, 나의 아버지들이 물려준 서글픔들이 그걸 보고 있었다 아, 내 속의 아버지들, 내 속의 꿈들, 물소리들은 하산했지만 물소리들은 하나도 하산하지 못하고 내 잠자리에서도 발끝을 맴돌며 정수리로 하산하는 물소리를 동침하는 나의 부재에게도 좀 들려주면서 나는 그 몇 길이나 되는지 알 수 없는 잠으로 조용히 내려가고 있었다 그러나 나는 때로 아직도 수많은 노란 꽃들과 입산하여 나무 그늘에 앉아 쉬기도 하고 바람의 딱딱한 꿈이 되어주기도 하고 그리고 귓속에 자그만 물소리들의 집터들을 허락하기도 하지만 물소리들의 수많은 눈동자와 그 눈동자 속 물의 영혼을 보는 것은 역시 나의 죄와 나의 바람기와 나의 아버지들이 물려준 서글픔들일 뿐 ,나의 하산길은 그침이 없었다

벚꽃 개화 예상도

나는 한겨레신문에 난 벚꽃 개화 예상도를 가만히 들여다보고 있다.
예년보다 5~10일 먼저 꽃소식 찾아왔다, 고 한다.
삼촌이 묻힌 대전에는 3월 31일과 4월 5일 사이에 벚꽃이 피겠고
할머니와 아버지가 묻힌 경기 서해 해상 일대는 4월 5일이나 4월 10일쯤에 피겠고
철원 이북은 아직 까마득하다.

한데 나는 왜 죽은 사람에게 꽃소식을 갖다 댔던 것일까.
그들이 흙이니까? 인척이니까?
큰 제목 '매화 향기 북상중'에 밀려 나는 철원 지나 그림엔 없는 중강진 너머까지 쫓겨가고.

本文 속에
매화는 2월 10일 충무에서 핀 데 이어 다시 20일 제주도 서귀포에까지 내려갔다가 27일 전주로 거슬러 올라왔다고 적혀 있다.

서귀포엔 왜 다시 내려갔던 것일까.
보급로가 막혀버렸던 것일까?
거기다가! 마산에서는 이상 난동 탓으로
1월 30일에 매화꽃이 피었단다.
왜 그 난동이……

저런, 저런 가만히 보니 꽃소식은 이북까지 가지 못하고 말았구나.
이북엔 우리 외가가 있다는데.
앞마당엔 매화나무도 있었다는데.

나는 임진왜란 약사라도 읽는 듯이
맨 꼭대기에 적힌 철원이 아슬아슬하다.

저녁 江에서

나도 언젠가 물 위를 걸을 수 있으리라 생각하며
강 곁을 걷는 날들 많아
향기에 굳은 살 배기는 들꽃들 많아

꽃의 향기여
얼마나 많은 살 벗어야
물 위를 걷는가

길은 이미 물에 젖어 물 건너에 있는데
산그늘에 눌려도 나는
바람에 떠밀리기만 할 뿐
그뿐

이슬비 속으로

이슬비 속에 들어가
이슬비가 많은 곳으로 걷는다
머리카락이 다 젖을 즈음
수술등처럼 적막을 해부하는
불빛 하나를 지나친다
그 위에서 비를 미는
바람, 몸이 다 노래였던 바람은
제 몸을 이슬비로 열어
내 어깨를 감는다
노래가 젖으면 무엇이 되는가
울음의 뒤처럼 어깨가 꺼억꺼억 한다

이슬비에 안겨 걷다보면
누군가 자꾸만 부른다
멈추고 삼키는 톱밥, 손가락, 꼬챙이,
납물 같은

이슬비가 되어가며
이슬비가 많은 곳으로 걷는다

저녁의 우울
───다시 七十年代式

소변 금지 가위 그림 지나
대폿집을 발로 차고 나오는
물레방아 도는 내력을 지나
저녁을 따라
간다 저녁이 데려가는 길, 데려가다
어느 구석에 처박아버릴지도 모르는
길을 따라
주머니에 손 찔러 손으로 손가락들을
만지작이며 간다

손은 어디고 손가락은 어디인가
별은 어디고 내 눈은 어디인가

메아리 없던 시절

아 하면 아앙 복면을 하고
내 목소리 뒤집는 메아리
의혹의 중간에 세워놓고 톡톡
생잎을 따며 윽박지르는
심심산천 산짐승
잎 없는 나무 나는
진물 흐르는 상처를 차마
아픔 전해지지 않는 눈으로 바라보다
바라보다
復活처럼 다시 아 하면 아앙 칼을 들고 내
녹소리 찢는
메아리
꽃 없는 꽃병아 오늘도
욱신거리는 상처 속에 고개를 담그고
눈감고 보고 있다
山 바깥을
먼, 다만 먼,
그곳

2월 散策 篇

1. 만국공원 비둘기떼

먼저 눈 녹은 자리에 비둘기떼가 누더기처럼 내려앉아 제 한쪽 날개 속에 고개를 박고 마음 바닥을 들여다보기도 하고 다급한 홀레를 붙기도 하는 속으로 헤일 수 없이 긴 노래를 불러 보냈다

노래에 두레박이 달리고 낡은 깃털들이 목구멍을 철철 넘쳐 올라왔다 아침 햇살에 부스럼이 가득했다

2. 목 련

나는 내 손을 멀리 보내어
겨울 목련나무를 만진다
손목 가득 붕대가 감긴다

한껏 달아오른 나뭇가지 속 속꽃 뭉개며
가파른 언덕이 삼켜진다

3. 감나무

까치가 와서 운다
까치가 와서 먼 곳을 보며 운다
내년 가을엔 감나무에

핏덩이가 열리는지
먼 곳이 아주 가깝다

4. 동 백

동백잎 속으로 들어간 마을길에게 말한다
동백잎 속에 펼친 소마당에게 말한다
동백잎 속으로 흘러가는 냇물에게 말한다
동백잎 속에 나뭇동을 인 어머니에게 말한다

동백잎 속에서 걸어나오는 젖은 길에게도 말한다
길 따라 나오는 어머니, 냇물, 별, 소 울음, 517(지운다)

내가 무슨 말을 했는지는
며칠 후 동백꽃이 피어 말한다

5. 낮은 지붕과의 대화

  꽃을 들고 한 여자가 집으로 들어가는 것이 보이고 얼마 후 집에서 불이 켜진다 그 지붕에 대고 나는 조용한 말을 건다 "너의 흉곽이 이제야 환하구나" 꽃을 든 불빛들이 줄줄이 그 집에서 흘러나온다

초승달에 딸린 방

벗은 발, 오랫동안
벗었던 맨발을 말갛게 씻고
넋놓고 바라보고 있으면
내 몸 어딘가에서 초승달이 떠오르곤 하였습니다
나는 지나가는 노래를 불러
그걸 타고 초승달에 가보곤 하였습니다
혈육인 듯 뒷산의 떡갈나무 숲길도 가꾸어
하늘로 올려보내곤 하였습니다
노래로 방도 한 칸 들이다
푸르르 깨어났습니다

한쪽을 터놓은 커다란 圓舞가
내 어깨를 지나가고 있습니다

어지러운 발자취
—해변에서

이제 저 어지러운 발자취들을 거두자
거기에 가는 시선을 거두고
물가에 서 있던 마음도 거두자
나를 버린 날들 저 어지러운 발자취들을 거두어
멀리 바람의 길목에 이르자 처음부터
바람이 내 길이었으니
내 심장이 뛰는 것 또한 바람의 한
사소한 일이었으니

〈해 설〉

변화 속의 순환과 퇴적
―― 장석남의 시

진 형 준

장석남의 시들은 가스통 바슐라르가 시를 읽을 때 그러했듯이, 시를 읽는 이가 가장 순진한 상태에서 그의 시들이 넋에게 건네는 목소리에 무방비로 놓여야 큰 울림을 주는 시들이다. 그것은, 우리들의 일상적, 혹은 상식적 차원에서는 한데 묶어 생각하기 어려운 이미지들이 그의 시에서는 자유자재로 결합을 하고 있기 때문이며, 또한 그 이미지들이 한결같이 시인의 마음 혹은 넋의 움직임을 보여주고 있기 때문이다. 삶에 대한 성찰의 모습을 보여주는, 비교적 이해하기 쉬운 「송학동 1」 같은 시도, 돌올한 이미지들의 결합으로 이루어져 있기는 마찬가지이다.

계단만으로 한동네가 되다니

무릎만 남은 삶의
계단 끝마다 베고니아의 붉은 뜰이 위태롭게
뱃고동들을 받아먹고 있다

저 아래는 어디일까 뱃고동이 올라오는 그곳은
어느 황혼이 섭정하는 저녁의 나라일까

무엇인가 막 쳐들어와서
꽉차서
사는 것이 쓸쓸함의 만조를 이룰 때
무엇인가 **빠져나갈** 것 많을 듯
가파름만으로도 한생애가 된다는 것에 대해
돌멩이처럼 생각에 잠긴다

계단 끝, 뱃고동, 만조 등의 이미지로 보아, 산문적으로 푼다면, 시인은 지금 바닷가로 계단이 나 있는 어느 마을 끝에 서 있다고 짐작할 수 있다. 그러나 위의 시가 주는 울림을 고스란히 받으려면 우리의 상상 속에서 그런 사실적인 풍경은 곧 지워버리는 것이 유익하다. 베고니아의 붉은 뜰이 뱃고동들을 받아먹는다니, 무슨 풍경을 묘사한 것일까라고 의아해하기보다는, **위태롭게, 쓸쓸함, 가파름** 등의 단어가 주는 분위기에 우선적으로 취(醉)해버려야 한다. 그리하여, 아, 나의 삶 역시 그 얼마나 가파른가, 위태로운가라는 울림이 우리 내면으로 쳐들어올 때, 위의 시는 그 어떤 분석의 필요도 없이 하나의 구체적인 이미지 덩어리가 된다. 그러나 계단의 가파름과 위태로움은, 위의 시를 가만히 보면, 우리가 흔히 상상하기 쉬운 의미, 삶은 어차피 죽음을 향해 가는 것이고 죽음은 하나의 추락이라는 상식적 의미 너머에 있다. "계단만으로 한동네가 되다니"라는 시행과 "가파름만으로도 한생애가 된다는 것에 대해"라는 시행은, 생의 이쪽과 저쪽을 구분해놓는 것이 아니라, 이쪽과 저쪽의 연결 통로(상승과 하강의 통로) 자체가 삶이라는 것을 우리에게 말해준다. 계단이 그렇게 연결 통로의 의미로 읽히니까, 저곳은 이곳의 끝이 아니라, 이곳으로 "뱃고동"과, "사는 것이 쓸쓸함"을 가득 채울 그 무언가를 전해주는 곳이고, 이곳은 "위태롭게" 그 "뱃고동들을 받아먹고" 있으며, 그곳에서 쳐들어온 것으로 꽉찼을 때 "무엇인가 빠져나갈 것"이 많은 곳이 된다. 이곳과 저곳은 그러니까, 서로 연결되어 있는, 가깝고도 먼 곳이다.

> 천둥이 하늘을 깨쳐 보여준 그곳들을
> 영혼이라고 하면 안 되나
> 가깝고 가까워라
> 그 먼 곳
>
> (.........)
> 오후 한때
> 소나기 行者들
> 쫓아간
> 내 영혼　　　　　　　　——「소나기」의 일부

그렇다. 장석남 시들의 가장 큰 특징 중의 하나는, 겉보기에 그토록 멀리 떨어져 있는 것들, 이질적인 것들을 맺어주는 화합의 정신이다. 장석남의 시적 자아는, 대상들간의 차이, 인식들간의 차이를 지우고, 그 너머에서, 혹은 그 깊이에서 그 대립되는 것들을 맺어준다. 대립되는 것들을 맺어주는 중요한 이미지가 바로 물과 달이다.

> 소나기 지나가며
> 외딴 어느 집 처마 밑에 품어준
> 열서넛 남짓
> 나일론옷 다 젖어 좁은 등허리뼈 비쳐나는
> 소년, 처연한 머리카락
> 서 있는 곳
> 그 토란잎 같은 눈빛이 가 닿는 데
> 그 표정 그 눈빛이 자꾸만 가는 데
> 그런 데에 닿을 때 되었는데, ……,
>
> 천둥이 하늘을 깨쳐 보여준 그곳들을
> 영혼이라고 하면 안 되나
> 가깝고 가까워라
> 그 먼 곳   ——「소나기」의 일부

> 나는 신문지 위에도 신문지 위의 독재자 위에도
> 백만 마리의 되새떼 위에도
> 연못을 판다 조그만 눈길들
> 물방울처럼 모여

하늘의 구름 하늘의 못인 별
몸에 들인다

버스 정류장에도 지하철 정거장에도
병원을 빠져나가는 가엾은 목숨에도
나는 연못을 파고 나는 그 연못을
풍금과도 같이 연주한다.
　　　　　　　　——「연못을 파서——하나」의 일부

밤이 제 울타리를 허물고 끝에서 끝으로 갈 때
시린 새벽달이 떴다 떠서,
잃은 길을 적셨다
달빛 아래 모든 길을 버리고
깊이깊이 냇물 소리를 내며 집으로 갔다
　　　　　　　　——「배호 6——귀가」의 일부

나여
거기에 닿거든 부디 달과 함께
구름에 싸였기를
피의 서정에
들었기를　　　　　　　——「巨人들」의 일부

　눈에 뜨이는 대로 아무렇게나 뽑아본 대목들은, 장석남에게서 물과 달의 이미지는 적심·여림·깊이 등과 관련이 있음을 알 수 있다. 「소나기」에서 물은, 가녀린 소년의 등허리뼈를 다 드러나게 해서 애처로운 연민의 정을 불러일으키게 하고「연못을 파서」의 연못은, 시적 자아와 대상들간의 거리와 차이를 지우고 대상들을 모두 내 안에 품게 하며,「배호 6」에서 달빛은, 나와 대상 간의 완전 합일을 가능케 해주고,「거인(巨人)들」에서는 스스로 달이라는 매개체가 되기를 희원한다. 산문적으로 정리하면, 가장 멀리 떨어져 있는 대상들, 가장 이질적인 것들을 맺어줄 수 있게 하는 이미지가 물이고 달이며, 그 이미지가 자아내는 분위기는 가녀림, 애처로움, 연민 들이다. 달리 말한다면, 삶에 대한, 살아 있는 것들에 대한 연민의 정이 삶의 깊은 곳, 삶의 먼 곳을 볼 수 있게 하는 하나의 조건이 된다. 그러니 시인은 밝고 건강한 모습보다는 상(傷)한 것들 안에서 먼 곳을 보게 된다.

> 조금 더 농밀해진 눈송이들
> 그 앞에서만 노네
> 지금, 눈송이들
> 傷한 것 앞에서만 노네
> 송월전파사 유리 진열장의 여러 불빛들이
> 그것들을 깜빡이며 보네
> ──곧 진창이 되리라
>
> 버스 정류장 지붕 밑
> 그리운 것 있나 생각할 동안
> 傷한 세월만 먼 길을 오네
> ──「버스 정류장 옆 송월전파사」의 일부

나는 오래 된 정원을 하나 가지고 있지
삶을 상처라고 가르치는 정원은
밤낮없이 빛으로 낭자했어
(………)
내 오래 된 정원은 침묵에 싸여
고스란히 다른 세상으로 갔지
그곳이 어디인지는 삶이 상처라고
길을 나서는 모든 아픔과 아픔의 추억과
저 녹슨 풍향계만이 알 뿐이지
———「오래 된 정원」의 일부

우리의 상식으로라면, 삶의 상처, 삶에 대한 연민의 감정이라든가, 달·물의 이미지는, 우리에게 밝은 곳, 높은 곳으로의 상승을 부추기는 감정과 이미지라기보다는 우리를 어두운 곳, 깊은 곳으로 가라앉게 만드는 감정이고 이미지이다. 그런데, 장석남의 시들에서는, 그 어둡고 무거운 이미지가 "고스란히 다른 세상으로" 간 내 오래 된 정원이 어디로 갔는지 알려주고, "상(傷)한 세월만 먼 길을" 올 수 있을 뿐이며, 소나기에 "젖어 좁은 등허리뼈 비쳐나는/소년"의 "토란잎 같은 눈빛"만이, "영혼"에 가 닿을 수 있다. 장석남의 시에서 영혼은 이승을 버리고 비상하는 것이 아니라, 이승의 상한 삶 속에 있다. 그곳은 육신을 버린 후에 가 닿을 수 있는 곳이 아니라, "자기 육신을 쳐서"(「깊은 밤」), 내는 소리로 갈 수 있는 곳이다.

처마에 매달린 풍경이 자기 육신을 치는 소리
풍경이 자기 육신을 쳐서
소리로라도 가려고 하는 곳
그곳을 나는 지금 보고 있다 ——「깊은 밤」의 일부

  우리에게 영혼의 비상을 갈구하는 상상력은 비교적 익숙하지만, 내면 깊은 곳의 상처, 시인의 내면의 상처와 아픔이기도 하지만, 시인에게 상처로만 보이는, 아프게만 보이는 세상을 통해서만, 바로 이곳의 삶과 가장 멀리 떨어진 옛날의 삶, 초월의 삶을 꿈꾸는 상상력은 그리 흔하지 않다. 그리고 내가 보기에 바로 그 점에 장석남 시의 가장 큰 특징이 있으며, 그의 시를 우리가 소중하게 여겨야 하는 이유이기도 하다. 그 상상력은 이곳/저곳의 구별을 지우고 건강한 것/병든 것의 구별을 지울 뿐 아니라, 시인 스스로 하나의 숨결이 되어 아름다운 대상으로 날아가 그 대상을 자기 내면으로 옮겨오는 요술을 부리기도 하고, 스스로 바람이 나서, 모든 경계를 지우고, 자유롭게 넘나들기도 한다.

어제는 창경궁 후원에 많은 키 큰 나무들이
꽃피는 걸 보았습니다
담장들은 지붕을 얹은 채 키를 낮추고
내 숨이 분홍빛으로
그 큰 나무들에게 올라가는 것을 보았습니다

바람이 불거나 바람 속에 초생달이 걸린 때면
　　내 숨의 사랑은
　　그곳으로도 가리라

　　숨결들
　　다시 돌아와
　　꽃핀 창경궁 후원이 몸에 가득했습니다
　　　　　　　　　　　　——「숨의 사랑」 전문

　　봄밤엔 바람나네
　　內外 없이 바람나네
　　방들을 헐고 바람들 들이네
　　봄밤에 나는 바람난 숨결들에 반하네
　　늙은 살구나무의 밤샘 신음에
　　개나리 울타리가 노랗게 앓네
　　봄밤에 나는 바람난 國境이네
　　內外 없이, 憂國忠情 없이
　　바람난 國境이네
　　그러나 봄밤 밖으로 나가지 못하고
　　앓고 있네

　자유자재로 온갖 경계를 넘나드는, 마치 득도한 듯한 경지와 앓아 누워 있는 환자의 상태를 결합시킨 「봄밤——둘」은, 우리의 병든 삶, 추할 수 있는 삶 자체가 바로 인간이 날아오를 수 있는 조건에 다름아님을 보여준 보들레르의 시세계와 비견할 만한데, 바로 이 「봄밤」

은 장석남의 시에서 결합되어 있고 언어 도단의 이미지들이, 실은 그 얼마나 필연적으로 긴밀하게 선택되어 결합되어 있는가를 잘 보여준다. 가령 「산책(散策)」과 같은 시의 "죽고 싶지 않은 사람은 다/꽃 밖으로 나가라고/때가 지나도 시들지 못하는"이라는 시행은, 시듦 자체가 꽃핌의 조건임을 보여주고 있고, "이 야목의 겨울 정원의 쓸쓸함에 대해 누가/관대함을 베풀 수 있을 것인가/우리들 삶의 고요한 손 시림에 대해서"(「다게레오타이프 1」)는 쓸쓸한 삶의 모습은, 삶이란 그런 거야라고 너그럽게 보아넘길 대상이 아니라, 그야말로 아프고 쓸쓸하게 느끼고 살아야 함을 보여주고 있다. 즉, 시듦, 아픔이 꽃핌과 비상의 조건이 아니라, 시듦을 시름시름 살고, 아픔을 아프게 사는 것이 꽃핌과 비상의 조건이 되는 것이다. 그러니 "저 많은 별들은 다 누구의 힘겨움일까"라고 자연스레 노래할 수 있게 되는 것이다.

  아프게 사는 것, 시름시름 사는 것, 힘겹게 사는 것이 바로 꽃핌, 비상의 조건이라고 노래하는 상상력은, 상식적인 얘기지만 삶의 표면에서 이면까지 꿰뚫어보는 상상력이고, 변화하는 것들 이면에서 순환을 느끼는 상상력이다. 수직적으로, 그리고 수평적으로 가장 이질적인 것을 맺어주는 상상력은, 이질적인 것들 안에서 상동적인 요소를 보는 상상력이다. 그 상상력 앞에서는 만물을 변화시키는 시간도 그 절대적인 힘을 잃어버리게 되고, 과거는 과거인 채 흘러가는 것이 아니라, 하찮은 사물 속에 켜켜이 쌓여 있게 된다. 아니 하찮은 사물을 보고 시인은 긴 시간 여행을 떠날 수 있게 된다.

生은 때로 먼 길을 원한다
마른 저수지처럼 외로운 그것은 낡고 서툰
다큐멘터리
나는 우리집에 내려오는 누렇고 때묻은 양은 쟁반 속으로
떠난다
(잘잘거리며 필름 도는 소리)
묵은 소나무 가지가 휘어졌고
그 위에 날마다 가슴 쓸어내리는 소리 찰랑대는
칠 벗겨진 휘영청한 달 아래로
나는 가는 것이다
　　——「우리집에 내려오는 양은 쟁반 하나」의 일부

 낡은 양은 쟁반 하나에서 시간 속으로 먼 길 여행을 떠나는 상상력은, 구두 수선공이 구두 수선하는 모습을 보고 "양철을 막 뚫고 피어나는 꽃을, 향기를/수선공의 눈빛은 흐리게 중얼대는데/굽을 가는 까만 씨못과/작은 망치의 노래는/조그만 입구를 다만 꽃다발로 부풀린다"(「구두 수선을 노래함」)라고 노래하는 상상력과 동질 동형의 상상력이다. 그 상상력은 「돌의 얼굴——하나」와 「돌의 얼굴——둘」에서 돌의 상상력으로 응집되어, "이 홍예문이 선 게 백년 남짓이니까 그 돌이 그 자리에서 그 눈빛을 쏟아낸 게 그만한 세월일 것인데 여전히 그 빛 생생하게 내 몸 속에다가 그 긴 세월의 그리움 치레를 하는 것이었습니다"(「돌의 얼굴——하나」)라고, 돌에서, 그 무심한 돌, 부동의 물질인 돌에서 세월이라는 흐

르는 것, 변하는 것의 응축을 보고, "돌의 얼굴에 새겨진 별의 자국/바람의 애무/그런 것들도 봅니다"(「돌의 얼굴——둘」)처럼 땅에 무겁게 가라앉아 놓여 있는 돌에서 저 높이 떠 있는 별의 흔적까지도 읽을 수 있게 해 준다. 부동의 것, 변화하는 것, 낮은 것, 높은 것이, 이번에는 수직성·수평성이라는 나름의 구별되는 속성까지 버리고, 돌 하나에 응축이 되는 것이다.

보통의 상상력으로는 결합시키기 어려운 대상들을 자연스레 연결시키는 시인의 상상력은, 우리 같은 범인(凡人)은 흉내내기 어려운 것이거니와, 그 상상력은 자신을 활짝 열어놓은 채, 타인을 향한, 타인의 삶을 향한 한없는 연민과 사랑으로 충만할 때 가능한 상상력이기 때문이다. 또한 세상을 향한 연민과 사랑은, 삶의 고통을 향한 열림은, 시인 스스로 항상 아픔 속에 온전히 무방비로 놓여 있을 때, 그것을 몸소 체험할 때 가능한 일일 터이니, 이찌 보면 하나의 형벌일 수도 있다. 그러나 시인에게는 어찌 그런 형벌만 있을 것인가? 가끔은 이렇게 노래할 수 있는 행복한 보상의 순간도 찾아오고, 그 아픔 거두고 바람 되어 떠나자는 노래도 하게 된다.

    음악을 틀고
    촛불을 켜고
    불빛을 흔들어
    몸짓을 조이고
    숨죽여
    불빛 속을 들여다본다

숨으로 몸짓의 바람으로
불빛을 흔들어
시를 흔들어
바람벽에
詩를 시의 石佛을 그린다
———「불빛을 흔들어서」의 일부

이제 저 어지러운 발자취들을 거두자
거기에 가는 시선을 거두고
물가에 서 있던 마음도 거두자
나를 버린 날들 저 어지러운 발자취들을 거두어
멀리 바람의 길목에 이르자 처음부터
바람이 내 길이었으니
내 심장이 뛰는 것 또한 바람의 한
사소한 일이었으니 ———「어지러운 발자취」 전문

 시인이 시를 쓰는 한, "나는 때로 아직도 수많은 노란 꽃들과 입산하여 나무 그늘에 앉아 쉬기도 하고 바람의 딱딱한 꿈이 되어주기도 하고 그리고 귓속에 자그만 물소리들의 집터를 허락하기도 하지만 물소리들의 수많은 눈동자와 그 눈동자 속 물의 영혼을 보는 것은 역시 나의 죄와 나의 바람기와 나의 아버지들이 물려준 서글픔들일 뿐 나의 하산길은 그침이"(「물소리들의 하산〔下山〕」) 없을 것이며, 항시 "이슬비 속에 들어가/이슬비가 많은 곳으로"(「이슬비 속으로」) 걸으며 이슬비에 젖겠지만, 시인의 노래가, "배부른 항아리"가 되어 그 항아리를 "[시인] 속엣살림 한쪽에도 하나 들이고 흔들리지 않게 새끼돌로 괴어 그곳에 어지간한 씁쓸하고 들큼한 일들은 파도 소리 같은 걸루 단련해서는 넣어두었다가 그게 좀 필요할 때마다 술을 푸듯이 퍼다가 목을"(「항아리」) 적시고, 시를 읽는 이의 목까지 적셔줄 수 있다면야 그 아니 좋은 일이겠는가?